¿CÓMO CREAR UNA OBRA DE TEATRO

LAROUSSE

DIRECCIÓN EDITORIAL: TOMÁS GARCÍA CEREZO
GERENCIA EDITORIAL: JORGE RAMÍREZ CHÁVEZ
COORDINACIÓN EDITORIAL: GRACIELA INIESTRA RAMÍREZ
EDICIÓN: MARCO ANTONIO VERGARA SALGADO
REDACCIÓN: MARIANELA SANTOVEÑA RODRÍGUEZ
ILUSTRACIONES: RAÚL PARDO VILLASEÑOR
ILUSTRACIÓN Y DISEÑO DE PORTADA: RAÚL PARDO VILLASEÑOR
DISEÑO: CHANTI EDITORES
FORMACIÓN: JESÚS SALAS PÉREZ
CORRECCIÓN: MARTÍN ARCEO SALAZAR
EDICIÓN TÉCNICA: JULIO ALEJANDRO SERRANO CALZADO

D.R. © MMXIX E.L., S.A. DE C.V.
RENACIMIENTO 180, COL. SAN JUAN TLIHUACA,
DELEGACIÓN AZCAPOTZALCO,
MÉXICO, 02400, CIUDAD DE MÉXICO

PRIMERA EDICIÓN, FEBRERO DE 2019

ISBN: 978-607-21-2141-6

IMPRESO EN MÉXICO – *PRINTED IN MEXICO*

**SE TERMINÓ DE IMPRIMIR EN FEBRERO DE 2019, EN
IMPRESOS VACHA, S.A. DE C.V., JUAN HERNÁNDEZ Y
DÁVALOS NÚM. 47, COL. ALGARÍN, C.P. 06880,
DEL. CUAUHTÉMOC, CIUDAD DE MÉXICO.**

índice

¡EL TEATRO TRAS BAMBALINAS!

Estás sentado en tu butaca, anuncian la tercera llamada y las luces se apagan. El telón se levanta. Sobre el escenario aparece una actriz y luego otros actores. Se desencadena una serie de sucesos, algunos emocionantes, otros divertidos, otros tristes. Cuando termina la obra, aplaudes. Has pasado un rato fantástico. Pero... ¿Sabías que no has visto ni la mitad de lo que pasa en el teatro?

Una bambalina es una tela que cubre la parte alta del escenario, y evita que el público vea las estructuras para los decorados y las luces. La expresión "tras bambalinas" se refiere originalmente a lo que sucede fuera de nuestra vista, ahí donde los actores se cambian de vestuario, donde se controla la iluminación y el sonido, donde se preparan los decorados. Y aún hay más: antes de cambiarse, poner luces, sonido y fabricar la escenografía, la compañía teatral ha elegido qué presentar, ha ensayado, ha afinado todos los detalles. ¿No te encantaría asomarte a esa otra parte del teatro, la que queda tras bambalinas?

AFF

LIBRETO

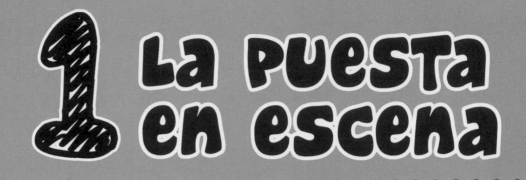

1 La puesta en escena

Al teatro se le conoce también como "arte dramático", pero no porque se trate de sucesos tristes, sino porque viene del griego δράμα (drama) que significa hacer o llevar a la acción. Así que una obra de teatro no está hecha para leerse, su destino es representarse mediante diálogos y acciones frente a un público.

¿HAS SOÑADO ALGO EXTRAÑO O EMOCIONANTE ÚLTIMAMENTE? UTILIZA LOS SIGUIENTES ESPACIOS COMO SI FUERAN UN ESCENARIO PARA DIBUJAR LO QUE OCURRIÓ EN TU SUEÑO. INTENTA MOSTRAR TODOS LOS DETALLES QUE PUEDAS.

EL LUGAR ERA …

YO ESTABA EN…

CUANDO DE REPENTE…

Por más sencilla que parezca una puesta en escena, llevarla a cabo requiere mucho esfuerzo y, sobre todo, un gran trabajo en equipo. Fíjate en todo lo que dibujaste para contar tu sueño: lugares, personajes, acciones. Además, elegiste algunas imágenes representativas de tu sueño y les diste un orden determinado.

En el teatro interviene mucha gente: los que diseñan y fabrican la escenografía, los encargados del vestuario, de la iluminación, del sonido, hay elegir a los actores, hay que coordinar el trabajo de todos y un largo etcétera.

No todos los que trabajan en el teatro son actores, ¿qué lugar te gustaría ocupar a ti en el teatro?

ACTOR

PRODUCTOR

DIRECTOR

AL FINAL
DEL SUEÑO YO...

Si has tenido la oportunidad de ir al teatro, quizá te hayas dado cuenta de que se puede representar casi cualquier cosa. Hay obras de historias muy conocidas, obras que exploran situaciones que nos invitan a reflexionar, hay musicales en los que la historia se presenta con canciones, algunas obras tienen muchos personajes, pero también puede que sólo aparezca una persona en escena... Y, a veces, ¡el público también participa en la obra!

¿Cómo presentarías tu sueño en un escenario?

_____

_____

¿Lo representarías con títeres o preferirías que hubiera muchos actores?

_____

¿Habría canciones? ¿Serían alegres o tristes?

_____

Anota más ideas aquí

_____

_____

_____

Una obra de teatro puede surgir de una idea original y estar pensada desde el principio para ponerse en escena. La historia está llena de obras geniales escritas por dramaturgos, es decir, por autores de obras dramáticas. Entre los grandes dramaturgos se cuentan, por ejemplo, Sófocles y William Shakespeare. ¡Sus obras han sido puestas en escena miles y miles de veces en todo el mundo!

LAS TRAGEDIAS YA ESTÁN PASADAS DE MODA, SHAKESPIRITO.

PUEDE SER... O NO SER, ÉSA ES LA CUESTIÓN.

Sin embargo, una obra también puede surgir de una situación real o imaginaria sobre la cual se improvisa. Esto quiere decir que los actores van desarrollando espontáneamente lo que sucede en el escenario. Hay obras que están basadas en un texto de otro género, como un cuento, novela o cómic, ¡incluso hay obras basadas en películas! Cuando otro género se convierte en una obra de teatro se le llama adaptación.

¡INSPÍRATE PARA CREAR TU PROPIA OBRA DE TEATRO!

Juguetitos

En este libro encontrarás sugerencias y actividades para hacer tu propia puesta en escena, ya sea que tú tengas una idea original o que quieras adaptar al teatro tu cuento, cómic o película favoritos. Recuerda que se trata de una labor ardua, así que ¡junta toda tu energía y pon manos a la obra!

Lo primero que harás será decidir qué quieres presentar y cómo quieres hacerlo. ¿Quieres inventar una historia? ¿Te gustaría que los actores improvisen? ¿Prefieres basarte en un libro? ¿Hay un drama ya escrito que te gustaría llevar a la escena?

En tus marcas, listo... ¡Fuera!

2 ¿QUÉ VA A PASAR EN ESCENA?

LA TRAMA DE LOS SUCESOS

En el teatro, como ya sabes, hay muchos elementos en juego. Podrías pensar en estos elementos como hilos de distintos colores que se entretejen para formar una tela con un gran diseño. Justamente eso es lo que significa la palabra latina *trama*: un tejido.

Cuando realizas una puesta en escena, la trama se refiere específicamente al desarrollo de los sucesos. Según el filósofo griego Aristóteles, una trama tiene un principio, un medio y un fin. Puede que esto te parezca obvio, pero no lo es tanto. Piensa en lo siguiente: si en una obra hay un héroe y un villano, pero el villano muere en el primer minuto, ¿dónde quedaría la trama, el ir y venir de personajes y acciones, las proezas del héroe y las maquinaciones del villano? ¡¿Cómo podría continuar la obra?!

¡NECESITAMOS OTRO VILLANO!

¡AYÑ!

Al principio de las obras tradicionales se suele presentar a ciertos personajes en determinada situación. Esos personajes deben alcanzar una situación distinta, que vendrá al final. Para llegar ahí, pasarán por una serie de conflictos, aventuras, golpes de fortuna y transformaciones internas.

Para ser un buen tejedor de tramas procura que cada acontecimiento sea provocado por uno anterior, así crearás conexiones geniales.

¡USA ESTE TEJIDO PARA ANOTAR EVENTOS EN TU TRAMA! PARTE DEL INICIO Y ANOTA TODOS LOS ENREDOS QUE QUIERAS HASTA LLEGAR AL FINAL.

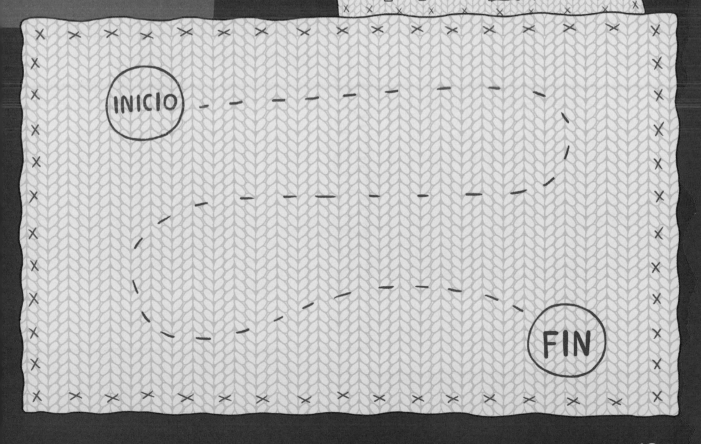

INICIO

FIN

EL TEXTO DRAMÁTICO

Como ya hemos visto, no hay una receta única para una obra de teatro. Lo mejor es que experimentes con distintas formas de presentar lo que quieres poner en escena. Un primer experimento consiste en escribir tu obra o, mejor dicho, tu texto dramático. Ahora que tienes tu trama, ¡vamos a convertirla en un texto! Puedes trabajar por tu cuenta o con tus amigos. Sigan el ejemplo para trabajar en su propio drama.

* Tip: más adelante aprenderás sobre los diálogos y los personajes.

Nuestra propia versión
de Caperucita

Por _____
Personajes
+Caperucita Roja
+Lobo feroz
+Abuelita
+Policía
Escena 1

(Un claro del bosque, donde se
encuentra la casa de la Abuela.
Caperucita Roja, el Lobo y la
Abuela están frente a la puerta,
discutiendo)

Diálogo

Caperucita Roja acusa al Lobo de
molestarla. La Abuela se ve cada
vez más enojada. Quiere llamar
a un policía. El Lobo intenta
convencerla de que no lo haga.

Escena 2

(La Abuela llama. El Policía
llega)
Diálogo

La Abuela quiere denunciar al
Lobo, pero el Policía no parece
querer hacer su trabajo.

[... continuará...]

¡Éste es un ejemplo de borrador para un texto dramático!

Hay puestas en escena que no parten de un texto dramático, sino que le dan prioridad al proceso creativo: el equipo se reúne para imaginar y reimaginar las situaciones que presenta la puesta en escena. Así, el grupo descubre con una nueva forma de mostrar sus reflexiones. Veamos qué pasa con Caperucita Roja si tú y tus amigos se hacen las siguientes preguntas y reescriben la trama.

¿Qué diablos hace el Lobo espiando a Caperucita Roja en el bosque?

_____

¿Por qué la Abuela nunca se dio cuenta de que el Lobo la quería atacar?

_____

¿De verdad Caperucita no logró distinguir a la Abuela del Lobo?

_____

¿Y si Caperucita Roja y la Abuela se ayudan juntas?

_____

¿Y si intervienen otros personajes?

_____

AHORA SÍ TE VAS A QUEDAR SIN DIENTES LO-BOT.

¡NO PROCESO! ¡ERROR! ¡ERROR!

¡Reescriban su trama cuantas veces sea necesario!

¡PREGÚNTALE AL PÚBLICO!

En ocasiones, las puestas en escena incluyen la participación del público. Puede ser que un personaje se dirija a los espectadores y les pregunte si debe o no hacer algo. O puede ser que el público decida sobre el curso de la obra entera. Hagan el siguiente experimento para probar qué pasa cuando el público participa. ¡Que participen todos tus amigos y tu familia!

¡Actividad en equipo!

Formen dos grupos, uno de actores y uno de espectadores. Un actor le hará una pregunta al público y luego tendrá que seguir la historia según la respuesta.

¡AQUÍ EL PÚBLICO MANDA, LOBÍN FEROCÍN!

¡ESTO NO ESTABA EN EL GUIÓN!

Actor 1 (Lobo): ¿Cómo podría engañar a Caperucita?

Actor 2 (Abuela): ¿Qué puedo hacer cuando el Lobo llegue a casa?

Actor 3 (Caperucita Roja): ¿A quién puedo llamar para que el Lobo no haga de las suyas?

* Tip: más adelante aprenderás más sobre técnicas teatrales para poder dirigirte (o no) al público.

Para tu puesta en escena también puedes improvisar. Esto significa que, al contrario de una obra que parte del texto dramático, tu puesta en escena no surge de nada escrito. Pero, ¡atención! Improvisar no significa hacer cualquier cosa, tiene sus propias reglas. Cuando se improvisa hay un tema que tratar, un tiempo para hacerlo y ciertas condiciones. ¡Intenten improvisar con las siguientes reglas!

1. **Tema: una historia de amor.**
2. **Tiempo: siete minutos.**
3. **Final: feliz.**
4. **Lugar: florería.**
5. **Personajes: el dueño de la florería, una chica, su perrito, un chico, una señora que busca tulipanes.**

NADA ESTÁ ESCRITO

¡Pueden crear muchas historias distintas si cambian una sola regla a la vez!

¡RESPONDAN!

¿Quién se enamoró de quién?

_____

¿Qué obstáculos tuvieron que enfrentar?

_____

_____

¿Cómo afectó a la trama el lugar donde ocurre la acción?

_____

_____

¿Qué pasó con el perrito?

_____

2.2 ¿Y TÚ QUIÉN ERES?

En toda obra de teatro hay una o más personas que salen al escenario, hablan y realizan distintas acciones. Cada una de esas personas representa a un personaje. Mediante sus palabras y movimientos nos conducen a lo largo de la historia que se presenta en escena.

No todos los personajes son iguales, hay personajes que cambian a lo largo de la obra y otros que no; unos que son tan humanos como nosotros y algunos otros que son ideas, animales o cosas; hay personajes que se destacan individualmente y otros que actúan en colectivo. En algunas obras los actores ni siquiera representan a un personaje, sino que actúan como ellos mismos.

¡Dibuja tu propio personaje y colorea la máscara de vikingo!

18

PROTAGONISTAS, HÉROES QUE EVOLUCIONAN

Si alguno de tus personajes sigue el camino de tu trama de principio a fin, seguro se tratará de un personaje principal o protagonista. Estos personajes están en el centro de la obra y cambian conforme ocurren los sucesos, por lo que al final ya no son los mismos.

¡Piensa en los superhéroes! Ellos empiezan siendo personas comunes y después descubren o adquieren sus poderes por alguna razón extraña. Y aún después descubren la responsabilidad que conlleva tener esos poderes.

Reúnete con tus amigos y respondan por turnos a las preguntas. Las respuestas dependerán de lo que haya dicho la persona anterior. Cada vez que terminen una ronda, pueden afinar los detalles del personaje que hayan creado. Fíjense cómo cambió el personaje, ¡y vuelve a comenzar con uno nuevo!

1. Soy una persona común. ¿Cuál es mi nombre y cómo me describirías?

_____

2. He descubierto que tengo un poder. ¿Cuál es mi poder?

_____

3. Me di cuenta de que debo ser cuidadoso con mi poder. ¿Qué aprendí?

_____

4. Tengo un plan para utilizar mi poder para el bien... o para el mal. ¿Cuál es mi plan?

_____

5. Ahora soy un superhéroe o supervillano. ¿Cuál es mi nombre y cómo me describirías?

_____

Fíjense cómo cambió el personaje, ¡y vuelvan a comenzar con un personaje nuevo!

PERSONAJES SECUNDARIOS, LOS QUE DAN IMPULSO

En las obras también hay personajes que aparecen poco en escena, pero que son fundamentales para la obra, pues sin ellos las cosas no tomarían el rumbo que queremos: ¡se trata de los personajes secundarios!

Volviendo con los superhéroes, verás que todos ellos han pasado por experiencias en su infancia o juventud que los marcaron de por vida. Los personajes que aparecen en esas experiencias tempranas son fundamentales para la historia, como los papás, los amigos, algún maestro, etc.

Utiliza la lista de personajes principales que creaste en la actividad anterior para integrar personajes secundarios. ¿Quiénes son esos personajes y cuál es su función en la trama? ¿Cómo sería su aparición en escena?

Dibuja un par de personajes en los recuadros de abajo, ¡no olvides anotar su nombre!

Existe una clase de personaje principal que tiene una función muy molesta, pero indispensable. Este personaje se encarga de generar conflicto, de colocar obstáculos en el camino del protagonista, de hacerle la vida imposible. Es como ese mosquito que zumba toda la noche en tu oído. Este personaje se llama antagonista y crearlo es muy divertido.

ANTAGONISTAS, CONFLICTIVOS POR NATURALEZA

¡DIBUJA A TU ANTAGONISTA!

¡Actividad en equipo!

Forma dos filas con tus amigos, una frente a la otra. Una fila será la de los protagonistas y otra la de los antagonistas. El primero que participe dirá cuál es su misión en la historia. Su antagonista tendrá que responder con un plan para evitar que la lleve a cabo. El que sigue en la fila de los protagonistas deberá idear algo para ayudar al primero a llevar a cabo su misión. Quien siga en la fila de los antagonistas tendrá que mejorar el plan para impedirla.

Recuerda que no todos los protagonistas o antagonistas son simplemente buenos o malos. ¡Su situación puede ser mucho más compleja y sus acciones pueden tener ciertas motivaciones!

IDEAS PERSONIFICADAS

No todas las obras tienen los mismos elementos. Cuando una puesta en escena busca reflexionar sobre un tema antes que presentar una historia con principio, medio y final, los personajes pueden ser alegóricos. Esto quiere decir que representan ideas abstractas y nos invitan a pensar sobre cierto tema.

¡Crea algunos personajes alegóricos con la siguiente actividad!

Tu escenario es ni más ni menos que la mente de un villano. Ahí están su Maldad, sus Recuerdos de Infancia, su Miedo y su Alegría. ¿Qué haría cada uno de estos personajes y qué se dirían entre sí? ¡Escribe algunos diálogos!

ALEGRÍA

MALDAD

MIEDO

INFANCIA

En ciertas obras teatrales los actores pueden no representar a un personaje. ¿Has visto alguna vez un documental? Es como una película, pero lo que sucede ahí es real. Lo mismo puede pasar en el teatro. Es decir, los actores que salen a escena pueden actuar como ellos mismos. En una puesta en escena tú puedes contar tu propia historia para un público. ¿Por qué no lo pruebas?

¿Cómo fue el día en que sentiste más miedo? Cuéntaselo a tus amigos imitando todas las acciones que tuvieron lugar. ¡Sube al escenario!

EL DÍA MÁS TERRORÍFICO DE MI VIDA POR _____

LAS PALABRAS MÁGICAS

Ya tienes una historia o reflexión que quieres llevar a la escena. Sabes cómo empieza, cómo sigue y cómo termina. Conoces a tus personajes, sus secretos y sus sueños. Pero debes recordar algo: una obra de teatro no está hecha para leerse. Sea lo que sea que quieras poner en escena, debe aparecer por medio de acciones y diálogos. Así que hay otra tarea por delante: darle una voz distintiva a quienes aparecerán sobre el escenario.

Las palabras son muy importantes. No es lo mismo decir: "Ahora que el último rayo de sol se cierne sobre nuestro hogar, me refugiaré en el suave abrazo de un profundo sueño", que: "Es tarde, me voy a dormir". Las palabras le dan una cierta forma de ser al personaje, un tono y una intención: lo hacen ser quien es.

¡QUE VIVA EL REY!

AL EMPERADOR

¡LARGA VIDA A LA REINA!

¡QUE MUERA

TALLER DE PALABRAS MÁGICAS

Reescribe estos pequeños textos cambiando las palabras para que sean tristes, alegres, dramáticos, misteriosos o hasta terroríficos, sólo procura que traten de lo mismo.

• Un perro viajaba por el mundo buscando su nombre.

• Él quería ayudar a las personas, pero sólo era un humilde vendedor de veneno.

• El príncipe finalmente venció a su tío y se convirtió en rey.

• En ese lugar vivía un señor que coleccionaba alebrijes.

ESCRIBIR, LEER EN VOZ ALTA, VOLVER A ESCRIBIR

Para que tu obra capte toda la atención del público, los diálogos deben transmitir el carácter del personaje, sus sentimientos y su situación. Una forma de lograr buenos diálogos es escribiéndolos, leyéndolos en voz alta y volviendo a escribirlos para mejorarlos. Cuando escribes un diálogo, lo haces para los actores, y ellos deben tener oportunidad de hacer pausas y de modular el tono. Esto quiere decir que tus frases no pueden ser muy largas y que se pueden probar con susurros, con tono de burla, con mucha solemnidad, con gritos, sollozos o lo que funcione mejor.

¡A escribir!
Los siguientes globos son el inicio de un diálogo. Completa los restantes y luego léelos en voz alta. ¡Usa diferentes tonos para más dramatismo!

¡HOLA! ¿QUIERES IR AL GIMNASIO CONMIGO?

¿¡ME ESTÁS DICIENDO GORDA!?

ME GUSTA CUANDO BARRO PORQUE ESTOY COMO AUSENTE, Y ME ESCUCHAS DESDE LEJOS PORQUE BARRO MUY FUERTE.

Es cierto que escribir para el teatro es escribir, ante todo, diálogos. Pero, así como nos sucede a nosotros en la vida real, en ocasiones los personajes hablan solos. Puede ser entonces que reciten un monólogo o que hagan un soliloquio. En un monólogo, todo lo dicho corre a cargo de un solo personaje que se dirige al público. En un soliloquio, un personaje hace una reflexión interior, como si fuese un diálogo a solas y en voz alta.

¡Escribe aquí el soliloquio!

Reúnete con tus amigos en un lugar donde haya más gente. Puede ser el patio de la escuela, una cafetería, un parque, o pueden simplemente ver a la calle desde una ventana. Elijan a una persona que esté realizando alguna actividad cotidiana, puede ser quien sea. Después escriban un soliloquio para esa persona, es decir, imaginen en qué puede estar reflexionando mientras hace su actividad normal.

Inventen un nombre, una situación familiar y para que sea más divertido intenten crear contrastes. Por ejemplo, si la persona parece muy tranquila, trabajen con una emoción fuerte, como la ira, para desarrollar sus pensamientos.

* Tip: tú ya trabajaste en un monólogo en la página 23.

¿QUÉ QUISISTE DECIR, EN REALIDAD?

A veces los diálogos dicen mucho más que las meras palabras. Es decir, que además del texto hay algo que se llama subtexto. En los diálogos hay cosas que no se dicen, pero quedan implícitas y juegan un papel muy importante. Por ejemplo, cuando el Lobo le responde a Caperucita que sus ojos grandes son para verla mejor, en el fondo se sabe lo que en realidad está tramando. El texto es sólo la pequeña parte visible de un iceberg mientras el subtexto es toda la parte sumergida.

Dominar los subtextos puede ser complicado, una tarea difícil porque necesitas plantearte muy bien las acciones, el contexto e incluso las expectativas que tienen los espectadores para poder decir efectivamente lo que quieres sin usar las palabras.

ALGO ME DICE QUE TUS RESPUESTAS SON SÓLO LA PUNTA DEL ICEBERG.

¡ESTAMOS EN PELIGRO!

MUCHAS IDEAS, MEJORES DIÁLOGOS

Aunque el dramaturgo es el escritor de diálogos por excelencia, los actores también son grandes maestros de la palabra en escena. Y no sólo porque deben memorizar sus parlamentos, sino porque cuando improvisan crean un diálogo sobre la marcha. Los actores pueden contribuir con grandes ideas para los diálogos de la puesta en escena, sobre todo cuando se trata de privilegiar el proceso creativo.

¡Actividad en equipo!

Vuelve a trabajar en tus diálogos, pero esta vez por medio de la improvisación. Reúnete con tus amigos y elijan alguna de las siguientes frases:

1. ¿Hiciste lo que te dije?
2. Estamos en peligro.
3. Ya sé lo que pasó el otro día.

Uno de ustedes dirá la primera frase con un tono y gesto especial. Por ejemplo, murmurándola para uno de los demás o gritándola tres veces. A continuación, los demás deberán seguir con un diálogo metiéndose bien en sus papeles. ¡Si echan a andar la imaginación, todo puede suceder!

3 MANOS A LA OBRA

3.1 TÉCNICAS TEATRALES

A lo largo de la historia se ha hecho teatro de muy distintas maneras. En la antigua Grecia los teatros estaban al aire libre, se utilizaban máscaras y había un grupo de actores llamado "coro" que estaba entre el escenario y el público. Durante la Edad Media las compañías eran itinerantes, viajaban de un lugar a otro presentando espectáculos con acrobacias, títeres y cuentacuentos. Más tarde, a partir del Renacimiento, se comenzaron a construir edificios dedicados al teatro y los actores comenzaron a profesionalizarse. Para los siglos XVIII y XIX muchas puestas en escena ya eran grandes producciones con efectos especiales. Hoy en día puedes recurrir a todas estas técnicas teatrales y a otras nuevas, ¡todo depende de lo que más te guste!

LO MÍO, LO MÍO, SON LOS TÍTERES DE CALCETÍN.

Una técnica es un modo de hacer, en este caso, un modo de presentar la puesta en escena. Las técnicas involucran sobre todo a los actores, pero influyen también sobre otros elementos de la obra, como la escenografía o la iluminación.

Los actores trabajan con tres materiales básicos: su cuerpo, su voz y su imaginación. Un actor que permaneciera todo el tiempo inmóvil y con el mismo gesto no lograría comunicar nada al público. Un actor debe realizar ciertos gestos, hablar de cierta forma y trabajar su personaje, meterse en él para darle vida.

Se puede utilizar el cuerpo, la voz y la imaginación de muy distintas maneras. ¿Estás listo para experimentar con técnicas diferentes?

STA... STANIS... ¡STANISLAVSKI!: COMO LA VIDA MISMA

FIODOR TENDRÁ QUE RECORDAR ESE DÍA QUE GANÓ JUGANDO RULETA, Y ANASTASIA, EL DÍA QUE SACARON A SU FAMILIA DE SU CASA.

Konstantín Stanislavski fue un actor y director teatral ruso que vivió a finales del siglo XIX y principios del XX. A Stanislavski no le gustaba el estilo de actuación ruso, que le parecía muy exagerado y falso. Se dispuso entonces a trabajar de otra manera. Para Stanislavski, los actores debían ponerse en los zapatos mismos de su personaje, procurando sentir de verdad las emociones que buscaban comunicar. Así, por ejemplo, para presentar una escena triste, el actor debía recordar y revivir un momento triste de su propia vida.

Prueba a poner en escena las siguientes situaciones utilizando el sistema de Stanislavski. ¿Qué momentos de tu vida recordarías para ajustarte al papel? ¿Cómo se movería y actuaría tu personaje?

1. Eres un rey y tu heredero te ha traicionado entregando el castillo a un enemigo.

_____

2. Vives en un pequeño pueblecito y vas a hacer tu primer viaje a la gran ciudad.

_____

3. Debes separarte de tu mejor amiga porque sus padres se mudan a otro país.

MEISNER: LO MÁS IMPORTANTE ES EL OTRO

Puede decirse que la técnica de Stanislavski es más psicológica porque se concentra en el interior de los actores. Sanford Meisner fue un estadounidense que aprendió la técnica de Stanislavski, pero decidió que a los actores les beneficiaría "salir de su propia cabeza". Por eso, desarrolló una técnica basada fundamentalmente en prestar atención al otro actor o al otro personaje.

Lo más importante en la técnica de Meisner es saber cómo reaccionar a lo que le sucede a los demás. Regresa a las escenas de la actividad anterior. Trabaja ahora con la técnica de Meisner. ¡Mira cómo cambian las cosas si cambias de técnica!

¡PERO SI SE TRATÓ DE MEISNER TODO EL TIEMPO!

1. Aún eres el rey, pero lo más importante es que intentes comprender por qué tu heredero te ha traicionado.
2. Vas a hacer tu primer viaje a la gran ciudad, pero debes tener en cuenta qué dirán en tu pueblo y cómo te recibirán los extraños.
3. Los padres de tu amiga se van a mudar, ¿sabes cómo se siente ella?

BRECHT: LO QUE PASA AQUÍ ES FICCIÓN

En los años treinta del siglo XX un dramaturgo llamado Bertolt Brecht pensó que el teatro era algo más que entretenimiento, que ahí se podía y se debía reflexionar. Pero el realismo no era suficiente para lograr esto. Así que propuso nuevas técnicas.

Las técnicas brechtianas rompen con la naturalidad de la obra por medio de interrupciones, exageraciones y humor, algo que Brecht llamaba "efecto de extrañamiento". Su intención era que el público se preguntara por qué representamos así a las personas y los sucesos. Brecht hacía que los actores dieran opiniones sobre sus personajes frente al público. También dejaba que un solo actor cambiara de personaje en el propio escenario. A veces, los vestuarios o los objetos con los que trabajaban eran muy exagerados, como una inmensa máquina de escribir para un oficinista. ¡Retrabajemos las mismas escenas con el estilo de Brecht!

¡YO NO CREO EN LAS PRINCESAS! ¡ANARQUÍA O MUERTE!

¡YO SÍ CREO, YO SÍ CREO!

1. Eres el rey, pero tu corona es enorme y muy pesada, te lastima mucho el cuello.
2. Te irás a la gran ciudad... cuéntale al público si a ti te gusta la vida en la ciudad o si prefieres un pueblo pequeño y tranquilo.
3. No sólo te vas a separar de tu amiga... también debes actuar el rol de esa amiga ¡y de sus padres! Todo esto sin salir de escena.

¡Actividad en equipo!

Así como sucede con la trama, en ocasiones lo más importante no es seguir una técnica estricta, sino trabajar junto con todo el equipo para decidir qué es lo mejor para la obra. Puede ser que para tu puesta en escena la combinación perfecta sean las máscaras del teatro griego y las opiniones sobre los personajes de Brecht. ¿Por qué no te reúnes con tus amigos y prueban qué es mejor para ustedes y su obra?

LOS PROCESOS GRUPALES

Usen la mezcla de técnicas que quieran para representar alguna historia loca, como la de una violinista que combate contra el crimen.

DIRECCIÓN

En ocasiones pensamos que el director de una obra teatral es la persona más importante. ¡Cuidado! El director no es el elemento principal de la obra, pero sí tiene en sus manos una gran responsabilidad: estar al pendiente de todo lo que pasa en escena. Si la obra fuera un paisaje, el director sería la persona que ocupa el mejor puesto para poder ver el panorama completo y con todo detalle. Un director coordina todos los elementos distintos que integran la puesta en escena en una unidad, es la visión del director la que se interpreta en la obra.

APRENDER VOCABULARIO

Si quieres dirigir, tendrás que aprender a comunicarte con actores, escenógrafos, productores, técnicos y vestuaristas de manera clara. Hasta ahora, ya has aprendido sobre la trama, los personajes, los diálogos y las técnicas. ¡Has hecho un gran trabajo! Sin embargo, aún queda mucho por aprender: más adelante sabrás sobre producción, escenografía, vestuario, iluminación y sonido.

PUES SÍ, LA ACÚSTICA DEJÓ MUCHO QUE DESEAR, PERO EL DRAMATISMO DEL *DEUS EX MACHINA* SIN DUDAS DEJÓ CLARO EL PAPEL ALEGÓRICO DEL NARRADOR INCIDENTAL.

EL PEQUEÑO LAROUSSE DEL TEATRO

Consigue una libreta y elabora tu propio glosario de términos teatrales. Un glosario es un conjunto de palabras con un comentario o definición que ayuda a comprenderlas y usarlas. Aquí te damos una pequeña lista, ¡complétala conforme vayas avanzando en las actividades!

técnica teatral
diseño de vestuario
monólogo
protagonista
música incidental
deus ex machina
narrador
apuntador
interpolación
trama
personaje alegórico
proscenio
tono
diálogo
acto
pie
escenografía
ensayo abierto
teatro italiano
iluminación
cameo
audición
antagonista
improvisación
drama
personaje secundario
conflicto
efecto de extrañamiento
acústica

CONOCER LA HISTORIA Y LOS PERSONAJES

¡TAMBIÉN PUEDES PENSAR SI HAY ALGO EN EL ENTORNO QUE AFECTE A LOS PERSONAJES!

ARENA

Lo primero que debes hacer como director es conocer a profundidad lo que vas a presentar en escena. Si se trata de una historia, debes tener clara la situación inicial y final de los personajes, su condición, sentimientos y conflictos por los que pasan. Si la obra es más alegórica debes saber exactamente qué quieres transmitir. Puede ser que quieras dejarle al público un consejo, o hacer que le estalle el cerebro con una pregunta.

Para lograr esto, lo más importante es que te reúnas con todo el equipo. Entre todos podrán descubrir los giros más importantes de la historia o la reflexión y los pensamientos más profundos de los personajes, y cómo representarlos.

¡Actividad en equipo!

Organicen su primera junta de trabajo. Examinen con cuidado el material. Pueden empezar por crear los perfiles de sus personajes. ¿Cómo se llaman? ¿Cuáles son sus características? ¿Guardan secretos? ¿Tienen misiones? Una vez que tengan un perfil de cada personaje, péguenlos en un pizarrón o en una pared y utilizando hilos o plumones señalen las interacciones importantes entre ellos. ¿Se ayudan o se oponen? ¿Generan algún cambio los unos en los otros?

¡Si lo prefieres, puedes usar este espacio para anotar los perfiles y cuáles son las relaciones entre ellos!

PRUEBA Y ERROR

Ha llegado el momento de pasar de las reuniones a los experimentos, es decir, el momento de probar cómo se ve y se siente cada escena ya actuada. Ahora ya debes tener claro qué indicaciones les darás a los actores. Representar una escena de manera cómica o recitar un monólogo en un tono neutro son decisiones que ya tomaste. En ocasiones, puede que la escena funcione tal como te la imaginabas. Sin embargo, no siempre será así. Por eso, lo mejor es poner a prueba cada una de tus ideas y recibir comentarios del equipo para poder mejorar.

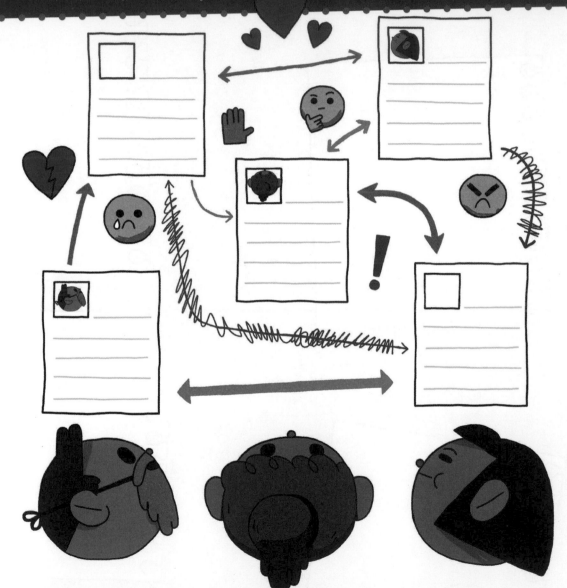

Prueben una o dos escenas de la obra. Si quieren, divídanse en dos grupos, uno que actúe y el otro que haga de público. Incluso pueden invitar a alguien que no esté involucrado en la puesta en escena para escuchar su opinión. Si hay cambios y sugerencias, tomen nota.

APRENDER A CUIDAR DE TODOS

Todavía falta que aprendas el consejo más importante para el director de una puesta en escena: un director toma decisiones y puede incluso ser estricto, pero siempre está al pendiente del bienestar de todos los que participan en la obra. Si a una actriz le cuesta trabajo una escena triste, debes trabajar junto con ella para que pueda hacer un gran trabajo sin que su ánimo decaiga. Si un actor quiere proponerte una idea distinta a la tuya debes escucharlo con atención. ¡El teatro es un gran trabajo en equipo!

 3.3 PRODUCCIÓN

Justo al lado del director hay otra persona que
realiza tareas igualmente importantes: el productor.
Así como el director conoce todo el panorama
de lo que va a suceder en escena, el productor está
al pendiente de todo lo que ocurre tras bambalinas:
desde coordinar al vestuarista con los actores
hasta conseguir los materiales necesarios para
la escenografía. Un buen productor tiene ante
todo dos virtudes: el orden y el ingenio. ¿Crees
que estás listo para hacer la producción
de tu obra?

¿¡ALGUIEN TIENE UN ELEFANTE QUE LE SOBRE!?

En una puesta en escena puede ocurrir casi cualquier cosa: los personajes pueden navegar por un océano, puede aparecer un árbol que habla, puede caer un meteorito... Pero, ¿qué hace falta para que esto ocurra? Hace falta que un buen productor trabaje con el resto del equipo para conseguir los materiales necesarios. Quizá una sábana vieja sirva para que aparezca un fantasma. Tal vez una linterna puede ayudar a representar relámpagos. Y si hace falta un elefante... ¡Tal vez venga bien un mueble disfrazado o un dibujo en la pared!

QUEDÓ TAN REAL QUE HASTA ME PIDE DE COMER.

PRODUCTOR

Piensa en alguna escena elaborada de tu obra. Puede ser un viaje o un momento en el que ocurre algo sobrenatural. ¿Qué necesitarías para representarlo en escena? ¿Qué objetos cotidianos de casa te servirían para la ocasión? Trabaja con todo el equipo para hacer una lluvia de ideas y luego prueben cómo funciona cada una.

CONSEGUIR AYUDA

En los tiempos del gran dramaturgo Pedro Calderón de la Barca, la corte proveía a las compañías teatrales con lo que necesitaban. Y es que los materiales que se emplean en una puesta en escena pueden ser costosos. Como en este caso nadie trabajará con una corte, el productor será el encargado de reunir fondos, por ejemplo, con una rifa o colecta en la escuela.

VOY A NECESITAR UN CASTILLO POLACO, UNA TURBA IRACUNDA, UNA MÁQUINA DE LOS SUEÑOS, UN PUENTE COLGANTE Y UN COCHE QUE VAYA CAYENDO MUY DES-PA-CI-TO.

TODO LO QUE NECESITES, PEDRITO-BABY.

Sin embargo, también puede ocurrir que decidas trabajar con materiales simples o que se encuentren en cualquier casa, y ésta es una gran idea. Como productor tendrás que reunir los materiales entre todas las personas que estén en posibilidad de contribuir. Puedes trabajar con cosas tan sencillas como pliegos de papel y gises de colores... Si tienes imaginación, ingenio y trabajas con el equipo en orden, puedes hacer cualquier cosa.

CONSEGUIR UN ESCENARIO

Hasta ahora todo el trabajo para realizar la puesta en escena ha sucedido fuera del escenario o en un teatro imaginario. He aquí otra gran labor del productor: conseguir la sede donde se estrenará la futura obra. ¿Dónde se van a presentar? ¿Es un lugar adecuado? ¿Podrá estar todo listo para el gran estreno?

Aunque se trata de una obra de teatro, no tiene por qué ocurrir en un teatro. Un parque, tu salón de clase y hasta la sala de tu casa pueden ser buenas sedes, siempre y cuando se organicen y tengan permiso de ocupar ese lugar.

Dibuja aquí el parque, el salón de clases o la sala que hayas elegido para la puesta en escena. ¡Agrégale los elementos que ocupes para que compruebes cómo se verá!

ZAPATERO A TUS ZAPATOS

Otra tarea del productor consiste en revisar que cada miembro del equipo cumpla con su labor: los actores deben tener sus diálogos y aprendérselos, el vestuario debe medirse y estar listo a tiempo, la escenografía debe quedar bien armada, etcétera. Como verás, la tarea de producción es muy ardua, aunque para el público sea casi invisible. Pero no creas que el productor es responsable de todo, él se encarga más bien de que cada cual realice su oficio a tiempo y en beneficio de todo el equipo.

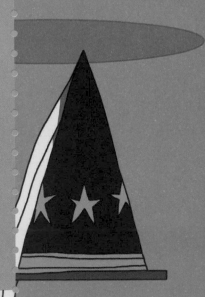

PLAN DE TRABAJO

Para facilitar la tarea de producción lo mejor es que realices un plan de trabajo. En un pliego de papel traza líneas para indicar las siguientes secciones: dirección, actuación, escenografía y vestuario, iluminación y sonido, difusión. En cada sección puedes anotar las distintas tareas de los miembros del equipo según el área que hayan elegido para trabajar. Cuando una tarea esté lista, coloca una marca a un lado para que todos sepan que esa labor ha sido cumplida.

3.4
AUDICIONES

Lo mejor es que entre tú y tus amigos decidan quién hará el trabajo de director, quién el de productor, quién actuará y quiénes se encargarán de preparar escenografía, vestuario, luz y sonido. Lo ideal es que cada quien haga lo que más le guste. Quizás incluso algunos decidan trabajar en dos cosas a la vez.

En una puesta en escena profesional se suelen organizar audiciones para los actores. Una audición es una prueba. Los actores reciben un material con indicaciones, lo practican y lo presentan frente a un equipo que los evalúa y entrevista. Aun cuando ustedes hayan elegido su trabajo dentro de la obra, las audiciones pueden ayudar a que cada uno de los actores encuentre su papel ideal. ¿Por qué no intentarlo?

EL MATERIAL, EL LUGAR, LOS CONVOCADOS

Lo primero que deben hacer es elegir un par de escenas de distinto tono para entregarlas a todos los que estén interesados en actuar. Pueden escoger una escena de tono cómico y otra de tono trágico. O bien dos escenas de dos personajes distintos. Después, deben elegir un lugar donde llevar a cabo las audiciones. Debe ser un lugar cómodo y relajado, se trata de que los actores puedan mostrar su trabajo sin presión. Finalmente, deben decidir si sólo invitarán a ciertas personas o si convocarán a otros compañeros de clase o amigos del barrio.

Preparen una impresión de las dos escenas que elijan. En otra hoja, impriman las indicaciones del director. Finalmente, elaboren una invitación o un cartel para los interesados. Recuerden que deben entregar el material con tiempo suficiente para que los actores lo estudien y lo practiquen.

¡CUIDADO, HOMBRE RADIOACTIVO!

AUDICIONES
ALLÁ ADENTRO →

SI ERES PARTE DEL JURADO

Quienes evalúan y entrevistan a cada uno de los actores tienen un trabajo delicado. No sólo deben decir si les gusta o no. Pueden pedirle a cada interesado que haga ciertos cambios en su manera de actuar, o que pruebe con una escena o la otra. Deben dedicarle la misma atención y el mismo tiempo a todos los interesados. Y deben proporcionar solamente críticas constructivas.

CATS

¡BÁJATE YA, PRINCIPIANTE!

¡Ojo! Para decidir a quién le va mejor un papel, háganlo en privado.

Prepararte para una audición es importante. Aquí te damos varios consejos:

- **Procura revisar con tiempo el material que te hayan proporcionado.**
- **Léelo en voz alta y practícalo.**
- **Viste ropa cómoda y neutra.**
- **Duerme muy bien la noche anterior.**
- **Si te distraes o te equivocas a mitad de tu audición, ¡guarda la calma! Respira, comenta con el jurado que te distrajiste y comienza de nuevo.**

SI ERES UN ACTOR

¡Rómpete una pierna!

El teatro tiene muchos rituales, como no regalar claveles, no vestir de amarillo y no invocar a la suerte, en lugar de eso se usan expresiones como ¡Rómpete una pierna!

¡OBLÍGAME SHAKESPRRO!

HOJAS DE DATOS

Para cada uno de los interesados, elaboren una hoja de datos. Debe contener su nombre, el papel en el que está interesado, una forma de contactarlo y las anotaciones resumidas de la evaluación. De esta manera, al momento de decidir sobre los actores y sus papeles podrán tener toda la información a la mano. ¿Por qué no elaboras un borrador de tu hoja de datos aquí mismo?

Foto

Nombre:

_____

Le interesa el papel de:

_____

Datos de contacto:

_____

Anotaciones:

_____

_____

_____

_____

_____

Tanto si formas parte del jurado como si realizaste la audición para un papel determinado debes tener en cuenta que las personas estamos llenas de sorpresas. Tal vez no obtengas el papel que pensabas porque eres mejor interpretando a otro personaje. Tal vez los actores no son como los imaginabas, pero han hecho magníficamente su trabajo. Al momento de dar y obtener los resultados finales no dejes de felicitar a quien lo ha hecho muy bien. ¡Y no dejes que nadie se vaya sin pensar cómo puede ayudar con todas las demás tareas necesarias en una puesta en escena!

SORPRESAS TE DA LA VIDA

PERO QUÉ BIEN LE SALE EL PERSONAJE DE MALVADA.

ES LA MEJOR VILLANA QUE HE VISTO EN MI VIDA.

LE VAMOS A DAR EL PAPEL.

Mientras los actores reciben sus papeles y comienzan a aprenderlos y a practicar, otros integrantes del equipo trabajan ya en distintas tareas. Una de esas tareas es la de los escenógrafos. La escenografía le da un cierto ambiente a la puesta en escena. Mediante imágenes y objetos le ofrece pistas al público sobre la época, la ubicación, el género y la trama de la obra. El parlamento "¡Estamos en peligro!" no significa lo mismo en una nave espacial que en un partido de futbol, ¿cierto? En el primer caso puede tratarse de una obra de ciencia ficción futurista y en el segundo de una comedia situada en una cancha de tierra.

ARENA

3.5 ESCENOGRAFÍA

CASTILLO DE PRINCESA

Existen escenografías muy elaboradas cuyos mecanismos quedan ocultos a los ojos del público. El teatro del Barroco dio inicio a grandes puestas en escena que dejaban maravillados a los espectadores por sus efectos especiales, como tormentas o apariciones divinas. También existen escenografías muy sencillas que se utilizan sin siquiera hacer pausas para realizar algunos cambios. En foros conocidos como "caja negra" la escenografía se maneja con elementos que quedan a la vista de todos y con un uso preciso de la iluminación.

DE LOS EFECTOS ESPECIALES A LA CAJA NEGRA

Los dramaturgos rara vez dan información sobre el aspecto de los decorados, así que tú puedes elegir el tipo de escenografía que mejor le venga a tu obra y a tu equipo. Es importante que pienses en los recursos que tienes a la mano. No es necesaria una escenografía elaborada y lujosa para que tu obra sea un éxito.

¿Cómo podrías diseñar de manera simple un castillo? ¿Qué pasa si es el castillo de una princesa? ¿Qué cambiarías si fuera el castillo de Drácula? ¿Qué objetos e imágenes utilizarías en cada caso? Dibuja tus ideas en los recuadros en blanco.

CASTILLO DE DRÁCULA

CREATIVIDAD

¡Comienza a trabajar! Toma hojas de papel y lápices para dibujar bocetos. Colócalos sobre una mesa o cuélgalos en una pared y platica con todo el equipo para generar más ideas. ¡Mira los ejemplos y dibuja tu escenografía!

Para diseñar una escenografía puedes echar mano de distintas habilidades: el dibujo, la pintura, la carpintería, la fotografía y el video (que puedes proyectar si cuentas con los medios para hacerlo). Además, puedes recurrir a objetos de uso cotidiano: muebles, escobas, sábanas, lámparas, ropa, etc. Todo lo que utilices debe estar pensado para contribuir a generar cierto ambiente.

¿Qué quieres comunicar con tu escenografía? ¿Ligereza, como en una comedia romántica? ¿Pesadumbre, a la manera de una tragedia? ¿Misterio? ¿Tranquilidad? ¿Cuál crees que es el ambiente que caracteriza la obra? ¿Qué tipo de escenografía imaginas?

ALGUNAS PREGUNTAS BÁSICAS

Al momento de discutir el estilo de tu escenografía y lo que quiere comunicar, es conveniente que te hagas una serie de preguntas.

¿Cómo es el espacio en el que se llevará a cabo la puesta en escena? ¿Es grande o pequeño, abierto o cerrado?

_____

¿Cuenta con recursos de luces y sonido o no?

_____

¿En qué época y lugar sucede la obra?

_____

¿Ocurre en interiores o exteriores?

_____

¿Necesitas un solo escenario o varios? ¿Si son varios cómo vas a cambiar de uno a otro?

_____

¿Quieres que la escenografía sea realista o más bien simbólica?

_____

¿Requieres de algún elemento muy particular que tenga especial relevancia en la obra (por ejemplo, las espadas de un duelo o un barco en altamar)? ¿Cómo planeas representar ese elemento?

_____

¿Quieres representar algún momento histórico particular? ¿Ya investigaste al respecto?

_____

* Tip: cuando leas sobre el vestuario podrás encontrar algunos consejos para realizar investigación.

UN PLAN PASO A PASO

Una vez que elijas de entre tus bocetos y tengas claras las respuestas a las preguntas de la actividad anterior, traza un plan de trabajo.

Primero, con hojas y lápices, elabora bocetos de la propuesta definitiva. Luego, haz una lista de todos los objetos y materiales que vas a necesitar. Elabora otra lista con las tareas que harán falta (pintar, coser, armar, etcétera) y las personas que las van a realizar. La mejor opción para probar tus ideas es elaborar una maqueta de tu escenografía en una caja de zapatos. Con colores y cartulina puedes crear en miniatura el escenario en el que trabajarás después a escala natural. ¡También puedes usar el dibujo de abajo para planear el escenario!

OBJETOS Y MATERIALES

TAREAS

EQUIPO DE CONSTRUCCIÓN

Nadie puede hacer una escenografía por sí solo. Distribuye bien las tareas y deja que todos contribuyan con sus talentos. Si quieren inspirarse, pueden buscar fotografías en internet o en revistas de decoración y arquitectura. Si algún elemento de tu escenografía es muy complicado, pide ayuda a los adultos.

3.6 VESTUARIO

Junto con la escenografía, el vestuario le proporciona a los espectadores algunas claves sobre los personajes y el contexto que aparecen en la puesta en escena. Mientras algunos de tus amigos trabajan en el diseño de la escenografía, otros más pueden dedicarse a la elección y fabricación del vestuario, es decir, de la ropa, los complementos y accesorios que los actores llevan puestos para representar a sus personajes. El parlamento "he recorrido un largo camino" no significa lo mismo dicho por alguien con ropas viejas, sucias y agujereadas que por alguien vestido como atleta de alto rendimiento, ¿verdad?

TÚ NO SABES NADA SÓFOCLES SNOW.

¡ÉSE ERA SÓCRATES!

¡VIVE RÁPIDO Y COLORÉAME AÚN MÁS RÁPIDO!

Como ya sabes, en el teatro hay que tomar un montón de decisiones. Entre todas esas decisiones están las que se toman sobre el vestuario. Digamos que has elegido una tragedia sobre un rey para ponerla en escena. ¿Quieres que los actores se vistan como si estuvieran en el siglo XV, o te gustaría que llevaran un atuendo moderno? Puede ser que los actores lleven ropas muy elaboradas, como armaduras o uniformes de un ejército. También puede ser que usen colores para diferenciarse: amarillo para los aldeanos, rojo para los soldados, púrpura para el rey. Otra opción es que todos lleven un atuendo muy simple con algunos accesorios que indiquen la identidad del personaje: todos visten de negro, los pastores llevan bastones de madera, los soldados espadas y el rey una corona con joyas.

ENTRE LA HISTORIA Y EL TIEMPO PRESENTE

Haz una prueba. Elige una película del mismo género que tu puesta en escena (comedia, musical, ciencia ficción, tragedia...). Fíjate muy bien en el vestuario y dibuja bosquejos de lo que lleva puesto tu personaje favorito. ¿Tú elegirías lo mismo para ese personaje o cambiarías algo?

¡DIBUJA EL VESTUARIO DE TU PELÍCULA FAVORITA!

INVESTIGACIÓN

La creación del vestuario para tu puesta en escena puede mejorar si llevas a cabo algunas tareas de investigación. Lo que tendrás que averiguar es cómo se vestía la gente en determinada época, o bien qué puedes comunicar mediante la ropa en cierta circunstancia. Para inspirarte, puedes consultar libros o películas, hojear revistas de modas, ir a museos o buscar en internet.

Si necesitas inspiración, puedes recopilar imágenes del trabajo de grandes diseñadores. Un ejemplo que puedes buscar en internet es Leon Bakst, un pintor, escenógrafo y diseñador ruso nacido a finales del siglo XIX que revolucionó su área de trabajo. Fíjate en los colores, las texturas y las formas que usaba Bakst.

Toma nota de toda la información que consideres importante. Haz bocetos a color para trabajar más tarde sobre tus ideas.

COLOR, FORMA, TEXTURA

Para hacer un pequeño ejercicio de diseño de vestuario, busca algunas revistas viejas. Recorta fragmentos de los colores y las texturas que más te gusten. Una vez que los hayas recortado, haz el siguiente ejercicio.

¿Cómo piensas que se vestirían Romeo y Julieta? ¿Has leído esa obra? Busca información al respecto. Toma notas del lugar y la fecha en que transcurre la historia. ¿Cómo se vestía la gente en ese entonces? ¿Vestirías a Romeo y Julieta así? ¿Qué clase de vestuario les han dado en películas o en otras representaciones teatrales? ¿Qué pasaría si sitúas la historia en la China antigua o en la época actual?

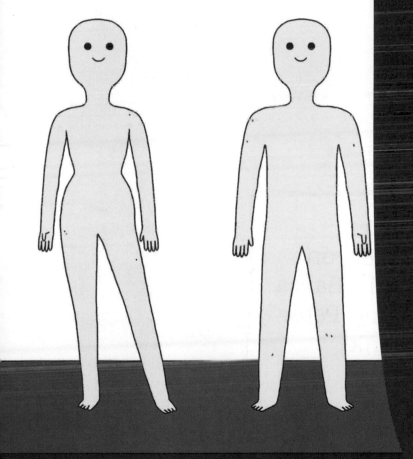

¡Dibuja tus diseños sobre los figurines y rellénalos a manera de *collage* con tus recortes!

* Tip: puedes crear tus propios figurines, con cartón para los diseños originales de tu obra.

¡ME QUEDA COMO UN GUANTE!

Puedes encontrar los atuendos para tu obra entre tu propia ropa o en mercadillos de segunda mano. Si prefieres elaborar tú mismo las prendas, debes conseguir tela para recortar y coser. Usa como accesorios objetos que tengas a la mano en casa, o bien, fabrícalos con cartulina de colores o fieltro. Si te inspiras en algún diseño, procura no copiarlo por entero, mejor modifícalo tomando en cuenta las características de los personajes y la complexión de los actores. Recuerda en todo momento que el vestuario que estás diseñando es para ellos, y que se deben sentir cómodos cuando lo traigan puesto. Un buen consejo es que pruebes todas y cada una de las prendas durante los ensayos para que los actores te puedan decir si les quedan bien.

Pedro Calderón de la Barca como Peter Punk

Vestuario: atuendo Punk, se necesitará una camiseta vieja y rota, preferiblemente de una banda musical, un pantalón de cuadritos rojo con negro y una chamarra de cuero con picos.

Nota: tiene mal carácter cuando lo critican.

Regresa al diagrama de personajes e interacciones que realizaste junto con todo el equipo (página 39). Agrega a los perfiles la información sobre el vestuario y los accesorios que requiere cada quien. Después, anota el material que puedes conseguir, entre ropa, telas, cartulinas, fieltro y accesorios. ¿Cómo vas a distribuir el material y las tareas para que todos los personajes tengan el vestuario adecuado?

Si bien la escenografía y el vestuario son dos elementos distintos de una puesta en escena, es muy importante que guarden armonía entre sí. Quienes hayan asumido las funciones de dirección y producción pueden coordinar el trabajo de escenógrafos y vestuaristas. Además, para que la armonía sea completa, el día del ensayo general y del estreno algunos de ustedes pueden ayudar a los actores con los peinados y el maquillaje. Usen solamente productos destinados para estos fines. **¡Será muy divertido!**

ARMONÍA TOTAL

3.8 ILUMINACIÓN Y SONIDO

Imagina una calle tranquila. Es de noche. Las farolas están encendidas y cada una ilumina un círculo a su alrededor. Se escucha el sonido de unas gotas de lluvia. Un muchacho va caminando por la calle y cuando lo ilumina la luz de una farola, se detiene, sonríe y comienza a bailar. Suena una música fantástica. Esta escena se parece mucho a la de una vieja película llamada *Cantando bajo la lluvia.* ¿La conoces?

Si te fijas bien, dos elementos son fundamentales en la escena descrita: la luz y el sonido. En una obra de teatro, la luz nos permite concentrarnos en ciertos objetos, crear un ambiente diurno o nocturno, o generar ciertas sensaciones, como miedo o alegría. El sonido, por su parte, es un factor importantísimo. No es lo mismo que los actores griten o susurren. Los truenos de una tormenta, el ruido de un jarrón al romperse o el ladrido de varios perros a lo lejos pueden ser parte fundamental de la trama. Los encargados de la luz y el sonido son los técnicos de la puesta en escena. ¿Te gustaría hacer este trabajo creativo tan importante?

¿SEGURO QUE NO QUIERE UN PARAGUAS?

¡HÁGASE LA LUZ!

Existen muchos recursos para usar la iluminación, todo depende del ambiente que se quiera lograr y de la imaginación de los técnicos, pero los cinco aspectos principales que debes tener en cuenta para la iluminación son los siguientes:

1. **La ubicación de las luces.** ¿Dónde estarán colocadas las luces?
2. **El ángulo.** ¿Desde dónde llega la luz a la persona, objeto o zona iluminada?
3. **La intensidad.** ¿Se trata de una luz débil o fuerte?
4. **La concentración.** ¿La luz ilumina todo el escenario o sólo una zona definida?
5. **El color.** ¿Vas a usar algún filtro? ¿Será rojo, verde, morado?

La luz puede llegar al escenario desde el frente, desde atrás, desde arriba, desde abajo o desde los lados. Cuando llega desde atrás se crea un efecto llamado "contraluz", gracias al cual el público sólo puede ver la silueta de los personajes. Las luces que provienen de abajo son un gran recurso para generar misterio. Las luces de tono rojizo dan la idea de un atardecer. ¿Qué otros tipos de efectos de luz se te ocurren?

¡PRUM!

COMO UN LADRÓN EN LA NOCHE

Fíjate bien en la escena de abajo. Tomando en cuenta lo que leíste sobre iluminación, coloca fuentes de luz alrededor de la imagen. Piensa desde qué punto producirían el mejor efecto. Indica qué tipo de intensidad, concentración y color usarías. Finalmente ilumina con colores la imagen según se vería con las luces que elegiste. ¡Trata de hacerlo lo más misterioso posible!

Las luces no sólo guían nuestra mirada, nos indican los momento del día y crean efectos sobre nuestras emociones. Si quieres, ¡puedes crear tu escenografía con luz! Para ello, necesitas una fuente de luz lo suficientemente potente –como un pequeño reflector o proyector–, algunos acetatos, plumones, cartulina y tijeras. Reúnete con el equipo de escenografía y trabajen juntos.

ESCENÓGRAFOS Y TÉCNICOS, ¡UNÍOS!

¡Actividad en equipo!

Dibujen distintos patrones sobre los acetatos o ilumínenlos de un solo color para producir luz roja, azul, amarilla, etcétera. Recorten patrones sobre la cartulina, por ejemplo, siluetas de árboles o una plantilla de estrellas. Procuren que su fuente de luz no sea más grande que los acetatos o cartulinas con los que trabajen. Cuando coloquen un acetato o una cartulina (o ambos) frente a la luz, el escenario se transformará con las figuras y colores que hayan creado. ¡Son todo un equipo de artistas!

UNA DUPLA CREATIVA

Ya has visto todo lo que puedes hacer con la luz. ¿Qué te parece si ahora experimentas con su dupla creativa, el sonido? En una obra teatral tienes la posibilidad de crear sonidos ambientales, como el tráfico o el ruido de una cafetería. Es más: hay obras que tienen música incidental, es decir, música que acompaña al desarrollo de la trama, a la manera del cine. Grandes compositores como Felix Mendelssohn y Jean Sibelius crearon música para teatro. Incluso hay obras –no sólo musicales– en las que la música se toca en vivo.

¿Tienes amigos que toquen algún instrumento musical? ¿No te gustaría invitarlos a tocar en tu obra? ¿Te animas a crear distintos sonidos con todo el equipo de la obra? Prueben a imitar la lluvia, la sirena de una ambulancia, el paso de un tren, la caída de una persona por las escaleras, el silbido de una tetera. ¿Qué objetos necesitan para generarlos?

Tip: busca la composición de Mendelssohn para *Sueño de una noche de verano* en internet.

EMPIEZA CON UN PIE Y TERMINA CON EL OTRO

Cuando presentas una obra en un teatro o auditorio, éste suele estar equipado con luces y aparatos de reproducción de sonido. Los técnicos del lugar te pueden ayudar a diseñar y crear la iluminación y los sonidos. Pero si vas a presentar tu obra en otro espacio, tú mismo serás técnico y tendrás que hacerte cargo de todo.

Así que es hora de regresar una vez más al diagrama de tu obra. Revísalo completo y anota en qué momento se requieren efectos de iluminación y sonido. Estas notas se conocen como "acotaciones". Escribe tus acotaciones para toda la obra. Una vez que hayas terminado, trabaja en una tabla que indique los momentos precisos en que se necesita cada luz y sonido. Para eso, utiliza lo que en el teatro se llama "pie", es decir, la palabra del parlamento de un personaje que te da la clave para encender o apagar luces y hacer sonidos.

Puedes seguir el siguiente ejemplo que parte de un texto dramático:

NUESTRA VERSIÓN DE CAPERUCITA POR TODOS NOSOTROS

PERSONAJES
Caperucita Roja   Abuela
Lobo   Policía

ESCENA 1

(Un claro del bosque, donde se encuentra la casa de la Abuela. Caperucita Roja, el Lobo y la Abuela están frente a la puerta, discutiendo) *luz de día para toda la escena*

CAPERUCITA ROJA: ¡Este señor me está molestando!
ABUELA: ¿Éste, hijita? (Dirigiéndose al Lobo a gritos) ¡Qué demonios hace usted siguiendo niñas en el bosque! ¿No le dije que dejara de estar de vago y se fuera a trabajar? Ya se lo había advertido, voy a llamar a la policía.
LOBO: ¡Pero señora! Si yo vivo aquí, aquí vive toda mi (familia) pie.
Se escuchan aullidos a lo lejos
ABUELA: Pues yo no veo al resto de su familia merodeando. No me importa lo que usted diga, voy a (llamar) pie. (Saca un teléfono celular y marca un número). *Se escuchan los sonidos que hace el teléfono al marcar*
(El Lobo se nota inquieto)
ABUELA: Ni se le ocurra moverse de (aquí) pie. *se oye una sirena, se ven destellos de luz azules y rojos*

ENSAYAR, ENSAYAR, ¡ENSAYAR!

Cuando empezaste a planear tu puesta en escena trabajaste con muchos elementos que fuiste entretejiendo. Así creaste una trama de personajes y diálogos. Luego fuiste aprendiendo acerca de las distintas maneras de presentar ese tejido de elementos y acerca de todo el trabajo creativo que rodea a la presentación. Para estas alturas ya cuentas con una verdadera tela llena de motivos bien dibujados. Sin embargo, aún no estás listo. Falta un proceso igualmente divertido de la creación de una obra de teatro: los ensayos.

REPETIR Y JUGAR

En francés, la palabra para ensayo es *répétition*, es decir, "repetición". Ensayar tu puesta en escena es justamente repetirla una y otra vez, mejorar y modificar cada detalle para que el resultado final sea el mejor posible. Aunque los ensayos son un asunto serio, también te dan el tiempo y el espacio necesarios para experimentar. Si quieres jugar un poco con tus personajes, con las luces o con el vestuario, ¡adelante, es el momento preciso para hacerlo!

ENSAYAR PUEDE SER MUY AGOTADOR, ¡ASEGÚRATE DE TOMAR DESCANSOS A MENUDO!

Aprender a escuchar

Los ensayos también sirven para que todo el equipo que participa en la obra aprenda a escuchar a sus compañeros. Recuerda que cuando se estrene la puesta en escena todos van a trabajar al mismo tiempo. Ahí estarán los actores haciendo sus papeles, el director dando consejos, el productor supervisando, los escenógrafos cuidando cada detalle, los vestuaristas con cada atuendo listo, los técnicos manejando luces y sonido. Entre todos deben aprender a escuchar el punto de vista de los demás y a trabajar de tal manera que todo fluya como en una gran coreografía.

ENSAYO GENERAL

Durante el proceso que ha dado como resultado tu puesta en escena, el director trabajó con los dramaturgos, los escenógrafos con los técnicos de iluminación y los actores con el productor. Cada cual se preparó para su tarea, realizó pruebas e hizo cambios en beneficio de la obra. Ahora ha llegado el momento de que se reúnan todos y ensayen como si ya fuera el estreno. Esto se llama ensayo general. Lo ideal es que organicen varios ensayos generales, pero si esto no es posible, deben hacer cuando menos uno.

ENSAYO GENERAL

DÍA:
HORA:

QUIÉN	QUÉ LLEVARÁ

Hagan una lista de todas las personas que deben estar presentes en el ensayo general y de todo el material que deben tener a la mano (escenografía, vestuario, luces, etcétera). Una forma de compartir las responsabilidades es que cada quien se haga cargo de cuidar y trasladar una parte del material. Fijen una hora de inicio y confirmen la información entre todos un día antes.

Una buena idea para que el ensayo general sea lo más realista posible es hacerlo abierto. Esto quiere decir que otras personas pueden asistir al ensayo como si fueran el público. En un ensayo abierto los espectadores saben que puede haber interrupciones y repeticiones, pero todo el equipo de la puesta en escena intentará que las cosas salgan tal como está planeado. De preferencia, el ensayo abierto debería realizarse en el mismo lugar en que se estrenará la obra.

ENSAYO ABIERTO

Al final del ensayo, el equipo de la puesta en escena puede organizar una ronda de comentarios y preguntas con quienes hayan asistido como espectadores. Esto les servirá para afinar detalles y sentirse más seguros el día del estreno.

¡A MÍ ME GUSTÓ MUCHO CUANDO CAPERUCITA SE COME AL LOBO FEROZ!

¿SEGURO QUE VIMOS LA MISMA OBRA?

QUÉ NERVIOS...

Los ensayos generales y abiertos también pueden ser un buen momento para enfrentar juntos al gran enemigo de toda obra teatral: los nervios. A veces enfrentarnos al público nos genera un poco de ansiedad. Hay a quien le tiemblan las manos y hay a quien le cuesta trabajo respirar o le duele el estómago. Esto es perfectamente normal y no se trata de algo por lo que debas ir al doctor. Sin embargo, puede interferir con tu trabajo y tu bienestar durante la presentación.

Éstos son algunos consejos para evitar el famoso pánico escénico:

- **Procura comer dos horas antes del ensayo y no comas muchos dulces**
- **Tómate cinco minutos para respirar despacio antes de comenzar**
- **No pienses en lo que puede salir mal, sino en lo bien que la has pasado y en todo lo que el público va a disfrutar**
- **Vete a dormir temprano el día anterior**
- **Recuerda que todo el equipo está a tu lado**

EL GRAN ESTRENO

¡A DIBUJAR!

¿Ya quieres que llegue el día del estreno? Tu público puede compartir esa emoción si le avisas con tiempo cuál será ese día. Para hacerlo, dibuja un cartel en el espacio en blanco, que contenga la siguiente información:

Nombre de la obra
Lugar de presentación
Días y horarios de las funciones
Si tu equipo decidió ponerse algún nombre, como Teatro de la Trama Tremebunda, incluye ese nombre entre los datos

Los miembros del equipo que mejor dibujen pueden ayudar mucho con esta tarea.

GRAN
ESTRENO

PUBLICIDAD ESTRATÉGICA

Para que la noticia del estreno llegue al mayor número de personas posible, imprime o copia tu cartel en una versión grande (del tamaño de una hoja) y una pequeña (como una postal). Pega la versión grande en lugares por donde pase gente que podría estar interesada, como el periódico mural de tu escuela, un lugar muy frecuentado de tu colonia o incluso en la puerta de tu casa. Deja varios ejemplares de la versión pequeña en cafeterías, tienditas o papelerías donde te den permiso de hacerlo.

Una gran herramienta para difundir la noticia son las redes sociales. Si es posible, digitaliza tu cartel y publícalo. Pídele a todos tus amigos que te ayuden a compartir la imagen. ¡Puedes usar etiquetas como **#CómoCrear**, **#MiObradeTeatro** y **#GranEstreno**!

GRAN ESTRENO

983,742 **SHARES**

¡YA QUIERO VERLA!

VOY A IR CON TODOS MIS AMIGOS, ¡KEMOCIOOOOOOÓN!

APARTO EN PRIMERA FILA

RECUERDA QUE PARA NAVEGAR EN INTERNET Y LAS REDES SOCIALES NECESITAS AYUDA Y AUTORIZACIÓN DE TUS PAPÁS.

¡GRAN ESTRENO!

Has trabajado mucho junto con todo el equipo para llegar a este momento. **Concéntrate, respira y ¡disfrútalo!** Ésta es la tercera llamada. **¡Comenzamos!**

¡CONOCE CÓMO ES UN TEATRO PROFESIONAL POR DENTRO!

1. Proscenio
2. Escenario
3. Escotillón
4. Telón
5. Bambalinón
6. Bastidores

7. Foso
8. Contrapesos
9. Cuerda de contrapesos
10. Foro
11. Tramoya
12. Ciclorama
13. Vara sostenedora de elementos
14. Parrilla o telar